BEI GRIN MACHT SICH IHR WISSEN BEZAHLT

AF148373

- Wir veröffentlichen Ihre Hausarbeit,
  Bachelor- und Masterarbeit

- Ihr eigenes eBook und Buch -
  weltweit in allen wichtigen Shops

- Verdienen Sie an jedem Verkauf

Jetzt bei www.GRIN.com hochladen und kostenlos publizieren

Christian Schwießelmann

Systemtheorie (Magisterprüfung)

GRIN Verlag

Bibliografische Information der Deutschen Nationalbibliothek:

Die Deutsche Bibliothek verzeichnet diese Publikation in der Deutschen National-
bibliografie; detaillierte bibliografische Daten sind im Internet über http://dnb.d-
nb.de/ abrufbar.

Impressum:

Copyright © 2003 GRIN Verlag GmbH
Druck und Bindung: Books on Demand GmbH, Norderstedt Germany
ISBN: 978-3-656-71667-9

Dieses Buch bei GRIN:

http://www.grin.com/de/e-book/278478/systemtheorie-magisterpruefung

Prüfling: Christian Schwießelmann

Erörtern Sie mit Hilfe von systemtheoretischen Ansätzen die Probleme der Integration und der Steuerung in den hochmodernen Gesellschaften.

1) Einleitung

Die Systemtheorie ist eine vergleichsweise junge Theorie der Gesellschaft, die nach dem 2. WK in den angloamerikanischen Ländern entwickelt wurde und seit den 1960er und 1970er Jahren verstärkt in Deutschland rezipiert wird. Ihr Anspruch ist universal und interdisziplinär. Im Gegensatz zum Behaviouralismus und zur Neuen Politischen Ökonomie, die auf einem methodologischen Individualismus basieren, verfolgt die ST einen kollektivistischen Ansatz, der seinen Ursprung in den Naturwissenschaften hat. Hier arbeiten Mathematik als Grundlagenwissenschaft, Physik und Chemie seit langem mit ähnlichen Formalisierungen. Der Luhmann-Schüler Stefan Jensen nennt den Drang nach Systematisierung eine „anthropologische Prämisse" (Jensen 1983, S. 7) menschlichen Denkens, wobei die menschliche Lebenswelt als Supersystem erscheine. Die Systemtheorie ist dabei eine operative Methode zur Rekonstruktion interdependenter Wirkzusammenhänge. Ihre Merkmale sind:

- Zurechenbarkeit
- Anschlußfähigkeit

Das griechische Wort >>systema<< bezeichnet einen Zusammenhang, Zusammengehöriges, allgemeine Gliederung, Aufbau. Eine Vorbedingung der Entwicklung der Systemtheorie waren die Wissens- und Theorieumbrüche der Jahrhundertwende, moderne Gesellschaft und ihre differenzierende Entwicklung sowie militärische-operativen Strategien des 20. Jhs. 1954 gründete sich die Society for General Systems Research. Das Anwendungsfeld der allgemeinen ST umfaßt die Kybernetik, Informationstheorie, Spieltheorie, Nachrichtentechnik, Ingenieurswissenschaften, Biologie und Sozialwissenschaften.

Die AST unterscheidet mit dem strukturalen Systemkonzept und dem funktionalen Systemkonzept zwei grundlegende Varianten:

strukturales Systemkonzept	funktionales Systemkonzept
- Entität aus verknüpften Elementen	- black box
- Struktur des Systems = Ordnung der El.	- Input und Output -> Rückkopplung
- Abgrenzung von der Umwelt	(Feedback)
- Sub- und Supersysteme	
- Funktionsbegriff –> Zuordnung der El.	

Systemordnung nach bestimmten Merkmalen:

Merkmale	Merkmalsausprägung
Verhältnis zur Umwelt	abgeschlossen/offen
Zeitabhängigkeit	statisch/dynamisch
Funktionstyp	linear/nicht-linear
Bestimmtheit	deterministisch/statisch
Struktur	flexibel/starr
Relationszahl	einfach/komplex
Strukturform	rückgekoppelt/nicht rückgekoppelt

Politikwisschaftliche Systemtheorien gelten als spezielle Systemtheorien, sie sind jedoch keine mathematisch exakten Modellkonstruktionen, sondern qualitative Analyseraster ohne empirischen Gehalt. Bevor nun die Probleme der Steuerung und Integration hochmoderner Gesellschaften anhand des strukturfunktionalistischen Ansatzes erläutert werden sollen, einige Anmerkungen zu Talcott Parsons.

2) Probleme der Steuerung und Integration bei Talcott Parsons (1902-1978)

- Studium in Amherst, Heidelberg, London -> Arbeit über Kaptialismuskritik Sombarts und Webers
- aber 1927 Lehrauftrag in Harvard am Department of Sociology
- Parsons sieht sich als Nachfolger Max Webers, der er für die moderne Soziologie wiederentdeckt hat

Prüfling: Christian Schwießelmann

- ab 1945 Arbeit an einer strukturell-funktionalen sozialwissenschaftlichen Theorie, dabei Etablierung des Systembegriffs
- Hauptwerk: The Social System 1951 = handlungstheoretischer Bezugsrahmen und Systembegriff
- soziale Einheiten seines Systems sind Handlungen -> Handlungssystem
- soziale Systeme (I), kulturelle Systeme (L), Persönlichkeitssysteme (G) und Verhaltsorganismen (A) sind Bestandteile des allgemeinen Handlungssystems
- zentrales Integrationsproblem eines Handlungssystems ist die Koordination seiner Teileinheiten, vor allem menschlicher Individuen
- Handlungssystem ist durch das AGIL-Schema charakterisiert = vier primäre Subsysteme der Gesellschaft = funktionale Differenzierung: Handlungssystem > soziales System > Gesellschaft

Hauptfunktion	Aufgabe	Strukturkomp.	Entwicklung	Subsystem
Adaption	Marktmechanismus (Medium = Geld)	Rollen (homo oeconomicus)	Standardhebung	ökonomisches System
Goal attainment	Regierungsgeschäft (Medium = Macht)	Gesamtheiten (pol. Gem.)	Differenzierung	politisches System
Integration	Loyalitätspflichten durch Familie, Bildung, Beruf etc.	Normen	Einbeziehung	ges.Gemeins./ soziales System
Latent pattern maintenance	kulturelle Legitimation	Werte	Wertverallgemei-nerung	Wertesystem/ kultur.System

- The System of Modern Societies, 1971: Grundhypothese: moderne Gesellschaften sind anpassungsfähiger und westlichen, insbesondere christlichen Ursprungs (Anknüpfung an Max Webers Protestantische Ethik)
- S. 16: Def.: „Wir definieren Gesellschaft als den Typ eines sozialen Systems, dessen Kennzeichen ein Höchstmaß an Selbstgenügsamkeit im Verhältnis zu seiner Umwelt, einschließlich anderer sozialer Systeme, ist".
- zur Selbsterhaltung und Selbstgenügsamkeit ist jede Gesellschaft auf Eingaben aus der Umwelt und dem Austausch mit anderen Systeme angewiesen -> Kennzeichen sozialer Systeme:
- Umweltanpassung (Reaktion auf Störungen, interne Belastungen)
- Steuerungs- und Kontrollfähigkeit
- Integration ihrer Mitglieder
- Integrationskraft gewinnt die differenzierte Gesellschaft aus den Loyalitätsbeziehungen in Familie, Beruf, Bildungswesen sowie den vermittelten Werten und Normen, die nach Parsons hauptsächlich religiös legitimiert werden. Das kulturelle System stützt sich seiner Auffassung entsprechend auf das westliche Christentum, so daß ein Fortschreiten der Säkularisierung, Areligiösität etc. den gesellschaftlichen Zusammenhalt unterminieren dürfte. Zu den Integrationsmethoden zunehmend differenzierter Gesellschaften zählt Parsons das Rechtssystem (Staatsverfassung, Gerichte etc.), ein starkes Gewaltmonopol der Regierung (legitime physische Zwangsgewalt), das Nationalstaatsprinzip (Mitglied in einer Nation), religiöse Einheit, Marktsysteme, bürokratische Organisation und Vereinigungen. => Differenzierungs- und Pluralisierungsprozesse moderner Gesellschaften erhöhen die Komplexität der Gesellschaft und bereiten zusätzliche Integrationsprobleme. Sie können nach Parsons nur durch die Einbeziehung neuer Einheiten, Strukturen und Mechanismen innerhalb des normativen Rahmens der gesellschaftlichen Gemeinschaft gelöst werden.
- politische Struktur ist bei Parsons ein gesellschaftliches Subsystem, das der gesamtgesellschaftliche Zielverwirklichung dienen soll (Entscheidung über kollektive Ziele und Mobilisierung dafür notwendiger gesellschaftlicher Ressourcen)
- Macht ist als Interaktionsmedium Produkt des politischen Subsystems:

Adaption	Verwaltung	Ressourcenmob.- und Durchsetzungssyst.
Goal attainment	Regierung	Führungssystem
Integration	Verbände, Parteien	Unterstützungssystem
L. P. Maintenance	Verfassung/Ordnung	Legitimierungssystem

Prüfling: Christian Schwießelmann

- die Stabilität sozialer Systeme macht Parsons von normativer Integration der Gesellschaft abhängig, die durch Institutionen internalisiert werden
- Paradigma evolutionären Wandels
- Kommunikation über symbolisch generierte Steuerungsmedien (Macht und Geld zwischen politischen und ökonomischen System)
- Kritik an Parsons zeigt die Probleme auch anhand der Steuerung und Integration moderner Gesellschaften: Der Versuch Handlungstheorie und Systemtheorie zu kombinieren, wurde insbesondere von Jürgen Habermas kritisiert (Paradigmenkonkurrenz zwischen Handlungs- und Systemtheorie). Die Medientheorie über die Steuerung der Gesellschaft wurde nicht fertiggestellt. Grundsätzliche Kritik entzündete sich an der strukturell integrierten, harmonischen Sicht auf gesellschaftliche Wirklichkeit, die den Steuerungs- und Integrationsproblemen der 1980er und 1990er Jahre nicht gerecht wird. Der schwindende Wertekonsens (post)moderner Gesellschaften, der die gesellschaftlichen Einheit ausdiff. Subsysteme in Frage stellt, konnte von Parson freilich noch nicht erkannt werden. Er hielt die sozialen Systeme der Ggw. für vollentwickelt.

3) Probleme der Steuerung und Integration bei David Easton
- bei Easton steht das politische System im Mittelpunkt, das als ein Subsystem der Gesellschaft (=soziales System) verstanden wird -> politisches System > soziales System > internationales System
- Hauptwerke: The Political System (1964), A Framework for political Analysis (1965), A Systems Analysis of political Life (1979)
- Sicherung des Bestandes als Ziel aller systemischen Aktivitäten in einer Welt der Kontinuität und des Wandels
- der politische Bereich wird als ein Prozeß der Transformation von Inputs zu Outputs interpretiert, wobei Strategien und Entscheidungen festgelegt werden; zentrale Funktion ist die Zuweisung autoritativer Werte für eine Gesellschaft
- das politische System interagiert mit der außer- und innergesellschaftlichen Umwelt (Reaktion = Input und Einwirkung = Output), so daß eine Rückkopplung möglich ist (>Dynamic Response Model of a political System<); es erfüllt den gesellschaftlichen Steuerungsbedarf aus seinem eigenen Bestandsinteresse
- auf der Inputseite treten Bedürfnisse, Forderungen (demands) und Unterstützungen (supports) der Gesellschaft an das politische System heran, die innerhalb dessen verarbeitet werden (Autoritäten, gatekeeper) -> Druck durch gegenteilige Demands und Supports, bis ein Schwellenwert erreicht ist, der zur Entscheidungshemmung führt -> Gefahr des Systemzusammenbruchs -> auf der Outputseite besteht eine Rückkopplungschleife (feedback loop), die Akzeptanz an das soziale System vermittelt
- bemängelt wurde an Eastons Modell vor allem die Orientierung am Status quo sowie das Fehlen systemkritischer Reflexion
- das Systemüberlebensmodell Eastons ist vage hinsichtlich seiner Systemziele, die Systemsteuerung kaum ausgeführt (black boxism), Motive der politischen Handlungs-Entscheidungsträger sind nicht zu erkennen

4) Probleme der Steuerung und Integration bei Niklas Luhmann (1927-1998)
- Niklas Luhmann, der maßgebliche deutsche Vertreter der Systemtheorie, setzt dem Strukturfunktionalismus Parsons eine funktional-strukturelle Systemtheorie entgegen
- entstammt der Generation der Flakhelfer, studierte Rechtswissenschaft in Freiburg und arbeitete als Verwaltungsbeamter, bevor er an der Harvard-Universität bei Talcott Parsons für die Systemtheorie begeistert wurde, 1968 bis zur Emeritierung 1993 Professor für Soziologie an der Reformuniversität in Bielefeld
- Hauptwerk ist das 1997 in zwei Bänden erschienene opus magnum >Die Gesellschaft der Gesellschaft< (Stuttgart), das schon im Titel auf die schwierigen Implikationen der nicht-hierarchischen, labyrinthischen Theorie anspielt
- in Luhmanns Theoriedesign funktionaler Systeme vollzog sich Ende der 70er und Anfang der 80er Jahre die autopoietische Wende, nachdem die chilenischen Biologen Humberto Maturana

und Francisco Varela die Theorie der Autopoiese (griechisch = selbst schaffen, herstellen) entdeckten
- während sie die Selbstorganisation auf lebende Systeme bezogen, wendete Luhmann die autopoiesis auf die Gesellschaft an: Bei ihm besteht die Gesellschaft nicht aus Menschen, sondern aus Kommunikationsmustern zwischen hochdifferenzierten Teil- bzw. Subsystemen. Soziale System sind von ihrer Struktur her selbstreferenziell und selbstreporduktiv, ihre Funktion ist es laut Luhmann, Komplexität zu reduzieren. Das große Problem entwickelter Gesellschaften besteht nach Helmut Willke nämlich in der Dynamik und Riskanz moderner gesellschaftlicher Selbstorganisation, die zu einer explosionsartigen Komplexitätssteigerung führt und das Steuerungs- und Intergrationsproblem verschärft (vgl. Willke 1993).
- Luhmanns Verständnis von System ist weniger strukturell (System als Struktur von Elementen), sondern eher funktionell. Dem liegt ein Systembegriff zugrunde, der das System von der Grenzziehung zwischen System und Umwelt begreift -> operativ geschlossen im Innern und offen für Einflüsse der Umwelt
- die Gesellschaft wird von Luhmann als ein funktional ausdifferenziertes soziales System mit den Teilsystemen Wirtschaft, Recht, Wissenschaft, Politik etc. verstanden
- Integration der zusehends sich differenzierenden Teilbereiche erfolgt über symbolisch generalisierte Kommunikationsmedien, sie schaffen es, die Erwartungen aller Systeme so zu bündeln, daß >common sense< entsteht

Funktionssystem	Code	Medium
Wirtschaft	haben/nichthaben	Geld/Eigentum
Recht	recht/unrecht	Recht (Gesetze)
Wissenschaft	wahr/unwahr	wiss. Erkenntnis
Politik	Regierung/Opposition	Macht (pol. Ämter)
Religion	Immanenz/Transzendenz	Glaube
Erziehung	gute/schlechte Zensuren	Karriereerwartungen

- von der Politik wird gesellschaftliche Integration und Steuerungskompetenz erwartet, die sie aber kaum einzulösen vermag
- die Schwierigkeiten politischer Steuerung hat Günter Ulrich 1994 aus systemtheoretischer Sicht thematisiert:
  ▪ die Entwicklung des Wohlfahrtsstaates vor und nach 1900 in Europa hat die Staatsaufgaben der Ordnungsherstellung und Gefahrenabwehr um die Funktion, soziale Ungerechtigkeit abzubauen bzw. Benachteiligungen und Strukturmängel zu beseitigen, erweitert
  ▪ zunächst in den USA und Skandinavien, dann in Westeuropa und Westdeutschland verbreitete sich ein Steuerungsoptimismus, der durch den Keynesianismus der sozial-liberalen Ära zur Erprobung der wirtschaftlichen Belastbarkeit bereit war -> es zeigte sich schnell, daß die Steuerungs- und Planungskapazitäten an der hochkomplexen, unberechenbaren Wirklichkeit scheiterten (Ölpreisschock 1973) -> die traditionellen Planungsinstrumente des Nationalstaats wurden von der Risikogesellschaft (Ulrich Beck) überfordert
  ▪ mit den sinkenden Steuerungskapazitäten steigen paradoxerweise die Steuerungserwartungen der Bevölkerung, die bei Nicht-Erfüllung das politische System zusätzlich mit Legitimitätsproblemen belasten (Warum versagt die Politik?)
  ▪ für Luhmann bildet die Gesellschaft ohnehin kein handlungs- und steuerungsfähiges Ganzes, sondern präsentiert sich als heterarchisch geordnetes System, das seinerseits aus verschiedenen autopoietisch operierenden Teilsystemen besteht -> Luhmann erkennt im Steuerungsproblem ein Kommunikationsproblem
  ▪ Ursache für das Kommunikationsproblem ist die Auseinanderentwicklung (Differenzierung) der gesellschaftlichen Teilbereiche (Arbeitsteilung -> Stecknadelbeispiel von Adam Smith) -> angesichts dieses Differenzierungsdrucks konstatiert Luhmann die Selbstüberforderung der Politik, denn das politische System kann als ein gesellschaftliches Subsystem nicht die verschiedenen ges. Sphären integrieren
  ▪ auch der Markt versagt bei der gerechten Allokation der Ressourcen, d. h. die invisible hand Adam Smith' greift nicht ein und führt zu mehr Verteilungsgerechtigkeit -> Staat muß zusätzlich für Verteilung öffentlicher und privater Güter sorgen, wobei die vermehrten

Prüfling: Christian Schwießelmann

sozialstaatlichen Leistungen die Krise des Wohlfahrtsstaates, die staatliche Aufgabenhypertrophie, die allgemeine Unregierbarkeit fördert
- während das politische System an Steuerungs- und Integrationskraft verliert, gewinnen die Teilsysteme und ihre Akteure (Wirtschaftsverbände, Interessensvertretungen, APO etc.) an Einfluß und Gestaltungsmacht
- Luhmann ist bezüglich der Steuerung politischer Systeme pessimistisch, wobei er die Steuerungsunfähigkeit des politischen Systems nur analytisch postuliert; sein Konzept der autopoietischen sozialen Systeme dürfte sich kaum operationalisieren lassen und muß daher mit Skepsis betrachten werden
- Kollegen wie Helmut Willke haben sich durch die Autopoiese-Überlegungen Luhmanns zu einer optimistischeren Steuerungsprognose hinreißen lassen. Er postuliert in seiner Systemtheorie entwickelter Gesellschaften das Konzept der Kontextsteuerung:
  - Modernität ist gekennzeichnet durch Brisanz und Riskiertheit, kaum noch beherrschbare ges. Komplexität, z. B. wirtschaftl.-technologische Selbstgefährdung des Menschen, Wettrüsten, Überbevölkerung, Zerbrechen der Familienstrukturen; Paradoxien der Machbarkeit, der Rationalisierung und Entzauberung
  - Entwicklung symbolischer Systeme zur Intensivierung/Spezialisierung von Kommunikation steigert den Grad der Abstraktion, der Kontingenz und der Hypotheken entwickelter Gesellschaften
  - Differenzierung führt von der prämodernen Gesellschaft (segmentär, schichtenmäßige Diff., Haushalt, Verwandtschaftssystem, magisch-religiöse Wertordnung, hierarchisch strukturiert) zur modernen Gesellschaft (Arbeitsteilung, Zweckrationalität, Säkularisierung, Trennung von Haushalt und Betrieb, Entfesselung der Wirtschaft
  - Staat verliert in der Moderne an Steuerungskompetenz und ist nur noch semisouverän nach innen (Begrenzung der funktional-diff. Gesellschaft, autonome Subsysteme, nicht-hierarchisch) und nach außen (Begrenzung durch Interdependenzen der Weltgesellschaft, Verflechtung und Globalisierung)
  -> Selbstreferenz als Entzauberung der Hierarchie als Ordnungsprinzip (operative Geschlossenheit, semantische Spezialisierung, Oszillation zwischen Fremd- und Selbstreferenz
  -> Anforderungen an die Gesellschaftssteuerung als Mittel zur Zivilisierung der ges. Evolution = Strategie der Reintegration funktional-diff. Systeme
  -> Kontextsteuerung = Selbststeuerung durch Formen spontaner Ordnungsbildung wie Markt und Konsens = reflexive, dezentrale Steuerung der Kontextbedingungen aller Teilsysteme und selbstreferentielle Selbststeuerung; Abstimmung und Steuerung soll den Normzustand einer Ges. herstellen bzw. Fehlentwicklungen korrigieren, dabei muß die Selbstorganisation der Gesellschaft bedacht werden, die nicht wie eine Trivialmaschine funktioniert, Selbststeuerung wird durch abnehmende Integrationskraft des Ganzen und die Zunahme der Selbstbezüglichkeit (Umwelt wird weniger wahrgenommen) erschwert -> Selbstreflexion durch Fremd- und Eigenbeobachtung ist nötig
  -> Steuerung autonomer Teilsysteme durch Reflexion (Beobachtung eigener und fremder Operationsweise -> Verstehen), kontextuelle Steuerung (Intervention, die Autonomie der Teilsysteme berücksichtigt und die Selbstbeschränkung von den Akteuren verlangt) und Diskurs (Selbstdef. von prozeduralen Regeln der Interaktionsbeziehungen, Akteure und Systemrepräsentanten treffen sich zu zwanglosem Diskurs -> Habermas)
  - anders als bei Habermas sollen Diskurse jedoch nicht nur Konsens erzeugen, Ausschaltung der Konsensorienterung, systematische Diskurse veranlassen autonome Systeme zu einer bestimmen Optionspolitik (Verhandlungssysteme wie KMK, Bildungs- und Wissenschaftsrat etc.)
  - Problembereiche entwickelter Gesellschaften sind:
  RATIONALITÄT = Systemrat. vs. Zweckrationalität, Aporien der Teilrationalitäten, Kolonialisierung der Lebenswelt durch instrumentelle Vernunft (Habermas)

5

Prüfling: Christian Schwießelmann

KOMPLEXITÄT = Selektionsfähigkeit geht verloren, Unempfindlichkeit ggü externer Intervention, ein Übermaß an Kontigenz führt zur Selbstlähmung kompl. Systeme; Komplexitätssteigerung beruht auf Zunahme der Vielschichtigkeit, Folgelastigkeit und Vernetzung eines Entscheidungsfeldes, dadurch erhöhen sich die Chancen für Kooperation und Konfliktrisiken (Verhandlungssysteme wie Tarifpartnerschaften IDENTITÄT = durch den Prozeß der Diff. unterminiert
- die Dynamik moderner Gesellschaften begann mit industriellen Innovationen (Eisenbahn 1830, Dampfmaschine) und führte zur Beschleunigung der Lebenswelt (Mode)
-> Integrationsprobleme: Wie kann eine Einheit ihre Vielfalt und eine Vielfalt ihre Einheit bewahren? -> Integration muß sich polyzentrisch und dezentral entwickeln, ist das Gegengewicht zur zentrifugalen Kraft der Diff., Bspe sind die lokalen, regionalen, nationalen und globalen Märkte, die durch Börsenaufsicht, Weltbanken etc. einen Integrationsbedarf haben
- vor Willke wies bereits die kybernetische Systemtheorie Karl W. Deutsch' darauf hin, daß Lernfähigkeit und Informationsverarbeitungskapazität die Steuerungsfähigkeit des politischen Systems gegenüber der Gesellschaft bestimmen würden. Systemkrisen könnten durch den Mangel an Lernvermögen, bspw. durch falsche Entscheidungen zur falschen Zeit, herbeigeführt werden und die Systemstabilität erschüttern. Der Kybernetik geht es um die Vermeidung politischer Systemkrisen durch Vorbeugung.

5) Literatur

Arno Waschkuhn: Politische Systemtheorie. Entwicklung, Modelle, Kritik. Eine Einführung, Opladen 1987 [Standardwerk zur politischen Systemtheorie, das dringend einer Aktualisierung bedarf]

Axel Görlitz: Politische Steuerung. Ein Studienbuch unter Mitarbeit von Hans-Peter Burth und Ulrich Druwe, Opladen 1995 [Probleme und Konzepte der Steuerung. Verfaßt von erklärten Luhmann-Gegnern]

Christian Schuldt: Systemtheorie, Hamburg 2003 [Konzise, lesenswerte Einführung zum systemtheoretischen Denkens Niklas Luhmanns. Auf dem neuesten Stand]

David J. Krieger: Einführung in die allgemeine Systemtheorie, München 1996 [Weitere, lesenswerte Einführung]

Günter Ulrich: Politische Steuerung. Staatliche Intervention aus systemtheoretischer Sicht, Opladen 1994 [Darstellung der historischen und aktuellen Probleme gesellschaftlicher Steuerung mit Lösungsansätzen]

Helmut Willke: Systemtheorie. Dynamik und Riskanz moderner gesellschaftlicher Selbstorganisation, 2. Aufl., Weinheim/München 1993 [Entwicklungsperspektiven moderner Gesellschaften und systemtheoretische Lösungsvorschläge für Steuerungs- und Integrationsprobleme]

Helmut Willke: Systemtheorie. Eine Einführung in die Grundprobleme, Stuttgart/New York 1982 [Ist bereits mehrfach aktualisiert und auf drei Bde. erweitert worden]

Niklas Luhmann: Die Gesellschaft der Gesellschaft, 2. Bde., Frankfurt am Main 1997 [Luhmanns opus magnum. Auf knapp 1200 Seiten offenbart sich ein systemtheoretischer Kosmos]

Niklas Luhmann: Legitimation durch Verfahren, 4. Aufl., Frankfurt am Main 1997 [Mittlerweile ein Klassiker der Rechtssoziologie. Erschien erstmals 1969 im Hermann Luchterhand Verlag]

Peter Fuchs: Niklas Luhmann – beobachtet. Eine Einführung in die Systemtheorie, 2. Aufl., Opladen 1993 [Unterhaltsame und lehrreiche Kommunikation über Luhmanns System]

Stefan Jensen: Systemtheorie, Stuttgart 1983 [Allgemeine Hinführung zur Systemtheorie. Von einen Luhmannschüler]

Stefan Jensen: Talcott Parsons. Eine Einführung, Stuttgart 1980 [Breite Einführung in das Denken des Altmeisters der ST Talcott Parsons]

Talcott Parons: Das System moderner Gesellschaften, 4. Aufl., Weinheim/München 1996 [Übersetzung der Originalausgabe >The System of Modern Societies<, die auf den ersten 40 Seiten Parsons Systemvorstellungen zusammenfaßt und dann die Entstehung moderner Gesellschaften historisch nachzeichnet]

Walter Reese-Schäfer: Luhmann zur Einführung, 2. Aufl., Hamburg 1996 [Passable Einführung, jedoch nach dem Tode Luhmanns und dem Erscheinen der >>Gesellschaft der Gesellschaft<< nicht mehr ganz aktuell]